Christian Cannabich

Azakia

Ein Singspiel in 3 Aufz. von C. F. Schwan

Christian Cannabich

Azakia
Ein Singspiel in 3 Aufz. von C. F. Schwan

ISBN/EAN: 9783744635929

Hergestellt in Europa, USA, Kanada, Australien, Japan

Cover: Foto ©Thomas Meinert / pixelio.de

Weitere Bücher finden Sie auf **www.hansebooks.com**

Azakia

Ein Singspiel

in drei Aufzügen

von

C. F. Schwan.

Die Musik ist von Hrn. Direktor Cannabich.

Mannheim,
bei C. F. Schwan, kuhrfürstl. Hofbuchhändler
1778.

Personen.

Telasko, ein Heerführer der Wilden.

Azakia, seine Frau.

Zisma, Schwester der Azakia.

Celario, Hauptmann der teutschen Truppen.

Bast, } teutsche Soldaten.
Freiburg, }

Der Schauplatz ist in Amerika.

———

Er;

Erster Aufzug

Erster Auftritt.

Die Schaubühne stellet einen Wald vor; in der Entfernung Hütten der Wilden. Der Anfang ist mit Aufgang der Sonne.

―――――――――

Azakia.

(Wenn der Vorhang aufgezogen wird sitzt sie tief-sinnig und traurig unter einem Baum.)

Azakia! so ist es denn um dich gesche-
hen!
Umsonst erflehst du ihn zurück!
(Sie steht auf.)

Zum drittenmal hab' ich ihn nun gesehen —
Starr war sein Aug' und wild sein Blick!
Des Todes Schauer lag noch in den Zü-
gen,
Und auf der Stirne kalter Schweis —
Kein Lächeln mehr — nicht eine Spur
mehr von Vergnügen!

A 2   Die

Die Lippen — ach! so glüend sonst —
    jetzt kalt wie Eis.
Und ich! . . . . . verzeih es mir ge-
    liebter Schatten,
Nicht ohne Zittern folg ich dir!
Mein Herz erwählte dich zum Gatten —
Du rufst mich — gut ich folge dir!

(Zwei teutsche Soldaten laffen sich während dem
   Azakia singt, hinten im Walde sehen, und
   scheinen aufmerksam zuzuhören. So bald Azakia
   aufhört zu singen, springen sie eilend hervor
   und auf sie zu. Azakia fängt laut an zu schreien.)

Zweiter Auftritt.
Azakia, Bast, Freiburg.
Freiburg.

Nu, schrei't sie doch, als ob sie in ihrem
Leben noch kein Mannsbild gesehen hätte.
Oder fürchtest du dich vor dem Rock da?
He?

Azakia.

Ihr habt mich so erschreckt . . . . Ich
vermuthete hier niemand.

Baſt.

Baſt.

Deſto beſſer, mein wilder Schatz! Wir vermutheten auch nicht hier ſo etwas hübſches zum Frühſtück zu finden.

(Er will ſie umarmen.)

Azakia (reißt ſich los.)

Laß mich, wer weiß, wer den Namen eines Wilden eher verdient, ich oder ihr!

Freiburg.

Wie meynſt du das?

Azakia.

Wie ich das meyne? Warum nennt ihr uns wild? Weil wir nicht ſo gekleidet ſind, als ihr, und weil wir keine ſo ſchöne Wohnungen haben, als ihr in eurem Lande? Oder nennt ihr uns vielleicht deßhalb wild, weil wir halten, was wir verſprechen, und niemand, der uns nicht beleidiget hat, etwas zu leibe thun?

Baſt.

Zum Teufel! die ſpricht ja, als ob ſie in Göttingen ſtudiert hätte. Das iſt ein Mäd-

chen

chen zum küssen! (Er will sie mit Gewalt küssen, sie stößt ihn aber zurück.) Bruder, was meynst du, wenn wir sie aufpackten: Würfeln wir drum, wer sie bekommt. Ich will mich henken lassen, wenn in ganz Europa ein artigeres Ding von einem Weibsgesicht zu finden ist. Und was sie dir singen kan; wie eine Nachtigall! Komm, mein Engel, sing uns noch ein Liedchen; aber etwas lustiges; das vorige war so traurig.

Azakia.

(Will ohne ihm zu antworten, in ihre Hütte zurückgehen. Der Soldat hält sie aber bei der Hand zurück.)

Bast.

Nu, zum Henker! so bleib doch närrisches Ding! Wir werden dich nicht fressen. Oder meynst du, wir wären auch solche Menschenfresser, wie die dort drüben, über dem Gebürge? Und wenn wir's auch wären, (Er schließt sie in seinen Arm.) O so ein allerliebstes Thierchen wollten wir nicht schlachten.

ten. Nein, wir wollen uns recht lieb haben; nicht wahr? (Azakia sucht sich mit Gewalt
loszureissen.

Freiburg.

Laß sie gehen, Bruder; komm — —

Bast.

Sie gehen lassen? . . . So ein hüb-
sches americanisches Gesichtchen gehen lassen? . . . bist du besoffen, Kerl? Was
hätten wir denn davon, wenn wir uns hier
in America von den Wilden herumjagen lies-
sen, und uns nicht dann und wann auf
diese Art des Schadens erholten. Ja, wart
du, bis ich sie so schlechterdings gehen lasse!
Fanggeld muß ich doch wenigstens haben.
(Er will Azakia küssen, die sich aber immer
sträubt.)
Nicht wahr, mein Kind?

Azakia.

Ihr seyd die unartigsten Leute in der
Welt; das würde keiner von unserer Nation
in eurem Lande thun!

A 4   Bast.

Baſt.

Da ſind ſie, bei meiner Seele! tummere Teufel als ich geglaubt habe. Das thut kein ehrlicher teutſcher Soldat, daß er ein hübſches Mädgen ungeküßt gehen läßt, wenn er ſie einmal in Arreſt genommen hat: Und ſo ein Kerl, wie ich, der von drei Univerſitäten relegirt worden iſt, thut's gar nicht. (Freiburg läßt ſeinen Cameraden bey der Azalia, und geht inzwiſchen im Walde ſpazieren.) Nu, willſt du mir denn nicht eins ſingen? Deine Stimme hat mir gar zu wohl gefallen.

Azalia.

Es iſt mir nicht ums ſingen.

Baſt.

Nun, ſo iſt mir's drum! Setz dich einmal daher und höre mir zu, ich will dir ein Liedchen ſingen. Aber rege dich nicht von der Stelle, das ſag' ich dir, denn ſo ganz ungerupft kommſt du nun einmal nicht fort.

Aza:

(Agalia setzt sich unter dem Baum, wo sie vorher
geseßen, und drückt durch ihre Gebehrden ihr
Misvergnügen und ihren Kummer aus. Der
Soldat stellt sich neben sie hin, so daß er sie
immer in den Augen hat.

Wenn wir vom Lermen der Trommel er=
wachen,

Und aus der Geschüße feurigem Rachen,

Rund um uns her Verderben blißt;

Auf jedem Schwerd ein Todesengel sißt;

Hier das Gehirn aus den gespaltnen Schä=
deln sprißt,

Und dort von bäumenden Rossen zertre=
ten

Ein Held in seinem Blute schwimmt,

Und heulend sich in schwerer Rüstung
krümmt —

Dann kann man weder fluchen noch beten.

Da thut ein jeder seine Pflicht,

Und denkt an Scherz und Liebe nicht!

Aber wenn Cytherens Knabe,

Uns in dem Quartier beschleicht;

O! da wirds dem Bürschgen leicht,
Die Armee zu kommandiren;
Jeder läßt sich willig führen,
Und statt der Trompetenklang
Tönt der Liebe Lautensang.

Nun, wie gefällt dir das Liedchen? Was
bekomme ich für meine Mühe? Umsonst ist
der Tod; und der arme Soldat hat ohnehin
nicht viel Accidenzien.

Azakia (steht auf und will fortgehen.)
Ich danke für deine Bemühung; aber laß
mich jetzt gehen. Ich muß fort.

Bast.

Warum denn fort? (Er faßt sie in den Arm.)
Komm du mit mir; wir wollen da einen
kleinen Spaziergang in den Wald machen.
Da hinten im Gebüsche ists gar angenehm.
Mein Camerad ist ein phlegmatischer Kerl,
der taugt zu nichts, als zum Schildwacht-
stehen.

(Er will sie mit Gewalt fortschleppen. Azakia
ringt mit ihm, und schreit um Hülfe. Der
Sol-

Soldat zieht sie einige Schritte mit sich fort in den Wald hinein. Von der Seite, wo die Hütten stehen, springen auf das Geschrei einige Wilden mit ihren Keulen hervor, und auf den Solda-ten zu. Er hält mit der linken Hand Azakia fest, mit der rechten zieht er den Säbel, und sein Camerad setzt sich gleichfalls in Vertheidi-gungsstand. In dem Augenblick kommt von der andern Seite durch das Gebüsche Celario, der auf der Jagd war, mit der Flinte in der Hand. Die Wilden nehmen bey Erblickung des Offiziers die Flucht.)

Dritter Auftritt.
Celario, die Vorigen.

Celario.

Was giebts da?

Azakia.

(Welche der Soldat bey der Ankunft des Offiziers losgelassen, läuft auf ihn zu und fällt ihm zu Füssen.)

Hülfe, mein Freund! Hülfe!

Cela

Celario.

(Indem er Azalia aufhebt, zu den Soldaten.)
Was macht ihr hier?

Freiburg.

Wir gehen hier ein wenig in den Wald
spazieren.

Celario zum Baß.

Und ihr?

Baß.

Ich habe ihr nichts in der Welt zu Leide
gethan; ich spaßte nur ein wenig.

Celario.

Schämt ihr euch nicht, gegen die armen
frieblichen Einwohner dieser Gegend Gewalt
zu brauchen?

Baß.

Es ist ja nur eine Wilde.

Celario.

Und wer seyd denn ihr? Ein teutscher
Hottentotte? Wer weiß, ob's nicht ein Glück
für euch wäre, wenn euch hier eine Wilde
das

das Leben gegeben hätte. Den Europäern macht ihr warlich nicht viel Ehre. (Zu Azakien.) Sey ruhig, es soll dir nichts Leides geschehen. (Zu den Soldaten.) Geht ihr in euer Quartier, und macht den guten Leuten hier das Leben nicht noch saurer.

(Die Soldaten gehen ab.)

Vierter Auftritt.
Celario, Azakia.

Azakia.

O! mein Freund, wie viel Dank bin ich dir schuldig, daß du mich aus den Händen dieses Unmenschen errettet hast!

Celario.

Keinen Dank, liebste Azakia. In unserm Lande ist es jedes ehrlichen Mannes Pflicht, dein Geschlecht gegen Gewaltthätigkeiten zu vertheidigen.

Azakia.

Das thut auch jeder ehrliche Mann in diesem Lande.

Cela

Celario.

Wie kamſt du aber hieher? und ſo frühe?

Azakia.

Der ſchöne Morgen reizte mich aus meiner Hütte zu gehen. Ich hatte mich hier unter einen Baum geſetzt, und da ich allein zu ſeyn glaubte, erleichterte ich mein Herz durch einen Geſang.

Celario.

Du erleichterteſt dein Herz? Und welcher Kummer wohnt in deinem Herzen, Azakia? So jung, ſo ſchön, ſollteſt du nichts als Freude kennen. Was iſt dir? Entdecke mirs, ich will dich tröſten.

Azakia.

Kanſt du die Todten erwecken, und ſie aus dem Reiche der Schatten wieder in dieſe Welt zurückführen?

Celario.

Nein, bey Gott! das kan ich nicht.

Aza=

Azakia.

So! fanſt du mich auch nicht tröſten. — Siehſt du die Sonne da über unſerm Haupte hinauf ſteigen?

Celario.

Ja, und ich freue mich des herrlichen Tages, den ſie uns machen wird.

Azakia.

Kanſt du ſie mit der Hand faſſen und zurückhalten, daß ſie nicht vollende ihren Lauf?

Celario.

Beim Himmel! nein, auch das kan ich nicht.

Azakia.

So kanſt du mich auch nicht tröſten.

O! alles belebende Sonne,
Zum letztenmale ſcheinſt du mir!
Mit jedem Morgen brachteſt du mir neue
Wonne,
Heut ſeh' ich lauter Nacht in dir.

Dort

Dort in den Abgrund, in dein täglich
Grab,
Ziehst du mich hinter dich hinab.
O! alles belebende Sonne,
Zum letztenmale scheinst du mir!
Mit jedem Morgen brachtest du mir neue
Wonne,
Heut seh' ich lauter Nacht in dir!

Celario.
Ich verstehe dich nicht, Azakia!

Azakia.
Kanntest du den Freund meiner Seele?

Celario.
Sprichst du nicht von Telasko?

Azakia.
Er ist nicht mehr!

Celario.
Was sagst du, Azakia?

Azakia.
Ich hab' ihn verloren! Aber bald wird
er mich wieder in seine Arme schließen.

Bald

Bald mein liebster Telasko, wirst du deine
Azakia wieder sehen!

Celario.

┌ Und wie das? Du wirst doch deines Lebens schonen?

Azakia.

Das darf ich nicht, mein Freund. Er
hat mich gerufen; ich muß ihm folgen.

Celario.

Erkläre mir das Geheimnis.

Azakia.

Telasko ist in einem Streit mit unsern
Feinden, die dort über dem Gebirge woh-
nen, umgekommen. Es ist ein Gesetz bei uns,
daß eine Frau ihrem Manne folgen muß,
wenn er ihr dreimal nach seinem Tode er-
scheint. Nichts kann eine treue Gattin von
diesem Gesetze befreien. Telasko ist mir in
der verwichenen Nacht zum drittenmal erschienen. Er würde im Reiche der Schatten keine Ruhe haben, wenn ich seinen
Wunsch nicht befriedigte.

B   Cela-

Celario.

Wie? Kanst du einem betrügerischen Traume glauben? Wilst du ein Opfer des Aberglaubens und thörigter Einbildungen werden?

Azakia.

Du irrest, Celario; es war kein betrügerischer Traum. Telasko ist mir wirklich erschienen. Er ergriff mich bei der Hand, als ich auf meinem Lager schlummerte, und befahl mir ihm zu folgen. O! ich fühle sie noch, die eiskalte Hand! — Ich wolte ihm gleich folgen; aber mein Körper war zu schwer; ich konnte nicht. Er verließ mich ganz traurig. Ich rief ihn zurück; aber er entfiohe meinen Armen. Ich werde dir folgen! rief ich ihm nach, ich werde dir folgen! — Und nun siehe, edler Frembling, heut ist der Tag, an welchem ich die Sonne zum letztenmale erblicke. Diese Nacht —

Cela:

Celario.

Aber siehest du denn nicht, daß alles das
ein Traum war? Die Todten kommen nicht
zurück. Es war ein bloßes Spiel deiner
Einbildung. Fasse dich, Azakia, und ent=
sage den thörigten aberglänbischen Gesetzen
deines Landes. Komm, folge mir —
Schon lange, liebste Azakia, seufzte mein
Herz insgeheim um dich. Weist du es noch,
als ich dich bei dem letzten Fest der Son=
ne zum erstenmal in deine Wohnung be=
gleitete? Ah! wenn Telasko nicht so ein
edler Mann gewesen wäre, und wenn du
Azakia, nicht einem jeden, der dir nahe war,
Tugend eingeflößet hättest, o! ich hätte
schon längst ein Geständnis gewagt, das
mich vielleicht in deinen Augen würde ent=
ehret haben. Komm, folge mir, du ver=
dienst ein besseres Schicksal. Ich nehme
dich in meinen Schutz; du solst bei mir
bleiben; und wenn ich in mein Vater=
land zurückkehre, solst du mich dahin be=

glei=

gleiten; und wenn ich im Stande bin das
Bild deines Telasko aus deinem Herzen zu
verdrängen, oder ihn dir zu erseßen, so
sollst du die Meinige seyn; das schwöret
dir Celario!

Azakia.

Nein, Celario, das kann nicht seyn. Der
Stab, den ich mit meinem Telasko gebro-
chen, ist nicht zu Asche verbrannt worden;
die eine Hälfte davon blieb in seinen Händen, die andere ist in meiner Verwahrung.
Ich kann also nicht die Deinige werden,
da mich noch immer unauflösliche Bande
mit ihm verbinden. (Sie reicht ihm die
Hand.)

Leb' wohl, du edler Mann!

Celario.

Ach Freundin, hör mich an!
Hör, was mein Herz dir schwöret.
Ein Herz; das dich verehret!

Aza=

Azalia.

Und nicht besitzen kann.
Leb' wohl, du edler Mann!

Celario.

Verschmäh' nicht meine Hand.
Ein unauflöslich Band,
Wird ewig uns vereinen.
Du sollst nicht länger weinen.
Komm Liebste, nimm das Band,
Von deines Freundes Hand!

Azalia.	Celario.
Mich knüpft an seine Hand	Komm Liebste, nimm das Band
Ein unauflöslich Band.	Von deines Freundes Hand!
Ich folge gern dem Schatten,	Nur Träume sinds und Schatten,
Des so geliebten Gatten	Die dich getäuschet hatten.
Leb wohl du edler Mann!	Ach Freundin hör mich an!

(Azalia geht ab, nach ihrer Wohnung zu.)

B 3   Fünf-

Fünfter Auftritt.

Celario.

Wunderbarer Zufall! Mußte mich das Schicksal hieher führen, um in einem Augenblick meine Ruhe, eine so mühsam erkämpfte Ruhe und meine ganze Glückseligkeit zu verlieren. Gott! ist das Ohngefähr? Ist es Bestimmung? — Oder was ist es? Mit der heitersten ruhigsten Seele verließ ich meine Wohnung; athmete mit Wollust die frische Luft des schönen Morgens ein; freuete mich der Schöpfung und meines Daseyns, und daß man unter jedem Himmelsstrich glücklich seyn kann — und auf einmal stehe ich da, und zittere und martere mich, und wie ein Sturmwind braußt's durch meine Seele! Azakia! Was hast du aus mir gemacht! Bist du eine Zauberin? — Wie gefesselt steh' ich da, und weiß keinen Entschluß zu fassen. Soll ich bleiben, oder fliehen? — Nein, fliehen kann ich nicht. —

Aber

Aber warum bedien' ich mich nicht der Vor-
theile, die mir mein Stand über sie giebt? —
Was für Umstände mit einer Wilden, hier
in Amerika! — Wer wird mich hindern,
sie mit Gewalt von ihrem lächerlichen Vor-
haben abzuhalten? — Ist es nicht sogar
Pflicht, eine abgöttische Seele vom Verderben zu erretten? .... Pflicht? ...
Verflucht sey der Gedanke, der in diesem
unglücklichen Welttheile schon Millionen
Menschen das Leben gekostet. — Nein Celario! ermanne dich! Fliehe diesen Ort —
Aber wohin? Wird mich nicht ihr Bild
allenthalben verfolgen?

Azakia, dich nicht mehr sehen,
Das wäre Tod für mich!
Es mögen Welten untergehen,
Was kümmert michs, behalt ich dich!
In deinem Arm wird jede Wüste,
Ein Paradies mir seyn!
Und wenn ich Welten zu gewinnen wüßte,
Sie würden ohne dich mir Wüste seyn!

B 4 Zwei-

Zweiter Aufzug.

Erster Auftritt.

Das Theater stellet den innern Theil einer Hütte der Wilden vor.   Azalia und Zisma sitzen
an einem Tisch, auf welchem ein Becher
und ein Wasserkrug stehet.

Azalia, Zisma.

Zisma.

Ganz gewiß ist es der nämliche, den ich
vor einigen Monaten in der Hütte des alten Caciken gesehen habe.   Die ganze Be-
schreibung, die du mir von ihm gemacht hast,
stimmt vollkommen mit seiner Person über-
ein.   Ach! liebste Azalia, darf ich dir ein
Geheimniß vertrauen, das ich bißher sorg-
fältig in meinem Busen verschloß? Wirst du
es mir verzeihen, daß ich es dir nicht eher
entdeckt habe?   Es war kein Mißtrauen,
meine Beste; ich schämte mich, eine Leiden-
schaft zu verrathen, die ich lieber unterdrü-
cken

cfen wollte. Dieser Celario — o! ich lieb'
ihn, und werde für Kummer sterben, weil
ich nie die seinige werden kann.

Azakia.

Du liebst ihn? — Unglückliches Mädgen!

Zisma.

O! wer kann Celario sehen, und ihn nicht
lieben? Er erzählte dem alten Caciken vieles
von den Sitten und Gebräuchen seines Landes; von der Art, wie sie Gott in ihren
Tempeln dienen, von ihren Gesetzen — und
in dieser Erzählung entfaltete er sein ganzes
Herz. Alle Tugenden müssen darin woh-
nen — Ich hatte mich ganz vergessen, und
unwissend so nahe an ihn gedrängt, daß meine Hand sein Kleid berührte. Plötzlich fuhr
mirs durch alle Glieder; ich zitterte und
wußte nicht warum. Er bemerkte meine Un-
ruhe, und glaubte daß mir nicht wohl sey.
Er ergriff meine Hand und drückte sie ganz
sanft — und drückte mir den Tod in meine Adern! — Ach! Azakia, was soll ich

B 5

die

dir sagen? Du liebst deinen Telasko, und er
ist nicht mehr! — Ich liebe Celario — ohne
Hofnung! O! nimm mich mit dir, in jenes
glückliche Reich der Schatten! Ich will den
Becher mit dir trinken, und dann will ich
in den Gefilden des Todes so lange herum-
irren, bis auch Celario hinuntergegangen ist,
und will mich dann hinüber wagen in jene
Gegenden, wo die Seelen seiner Brüder wan-
deln, ob ich ihn finde, und zu uns hinüber-
bringen kann.

Atalia.

Zisma! du erschreckst mich! Was willst
du thun?

Zisma (steht auf.)

Einsam und verlassen,
Irr' ich hier umher,
Fände dich nicht mehr;
Kann ich den Gedanken fassen!
Jeder Ort wär dann für mich die Hölle,
Jede Stunde eines neuen Kummers
Quelle!

Und

Und so irrt ich hier umher,

Einsam, und verlassen,

Fände dich nicht mehr;

Wer kann den Gedanken fassen!

(Gegen das Ende der Arie, läßt sich Bast in
der Thür sehen, ohne daß er bemerkt wird.)

Zweiter Auftritt.

Bast und die Vorigen.

Bast (indem er hereintritt. —)

Wieder eine neue Sängerin? Meynt
man doch, die Weibsleute hier in Amerika
wären lauter Opersängerinnen. Bravo!
Bravissimo! mein schönes Kind! War das
nicht ein Triller! Ei! ich wolte wetten,
die Signora Mara in Berlin solte fast keinen bessern schlagen.

(Azakia und Zisma stehen erschrocken da, und
endlich laufen sie beide nach der Thür zu.
Ein anderer Soldat, der draussen steht, und
nur den Kopf zur Thür hineinsteckt, macht

ge-

geſchwinde zu, ſo daß ſie nicht hinaus kön=
nen. Waſt ganz gelaſſen.)

Sachte! Sachte! meine Damen! dafür iſt
geſorgt. Diſmal kommt ihr mir nicht ſo
weg als heut morgen. Luſtig! (Er läßt ſie
beide, wider ihren Willen.)

Azakia (zu Zisma.)

Wir ſind verloren!

Zisma (läuft gegen die Thür zu.)
Hülfe! Hülfe!

Waſt.

Nu, ſchrei nur nicht ſo, närriſches Ding.
Ich weiß nicht, was ihr für ſonderbare Ge=
ſchöpfe ſeyd. Was Teufels! wenn die Mäd=
gens bei mir zu Lande ſo einen Lärm mach=
ten, ſo könnte man Tag und Nacht vor lau=
ter Geſchrei ſein eigen Wort nicht hören.
Laßt uns doch geſcheid mit einander reden.

Azakia.

Unverſchämter Menſch)! Ich will es dei=
nem Offizier ſagen; du wirſt ſehen, wie dir's
gehen wird.

Waſt.

Baſt.

Närriſch! was thu ich euch denn. Darf
man denn nicht ein wenig mit euch ſpaſſen?
Ihr ſeyd ja bei meiner Seele! ſo wild wie
die jungen Bären. (Er umfaßt die Zisma.)
Aber du meynſt es doch ſo böſe nicht, mein
wilder Engel! Nicht wahr, ihr habt ſchon ſo
etwas von den Europäern gelernt — Sich
ſo ein wenig zieren — Nicht wahr?

(Er will ſie küſſen.)

Zisma.

Laß mich, oder ich brauche Gewalt.

Baſt.

Ha! ha! ha! Gewalt? Nun ſo brauch
denn einmal Gewalt, hier bin ich!

Azakia.

Komm, Schweſter, gieb dich nicht mit
ihm ab.

Baſt.

Richtig geſprochen! Ich will mich ſchon
mit ihr abgeben; ſie braucht ſich nicht mit
mir abzugeben. — Aber meine Großmutter,

Gott

Gott hab sie seelig! pflegte zu sagen: Man muß alles hübsch mit Gebeth und Gesang anfangen. Bethen wollen wir hernach, aber singen wollen wir jetzt einmal. Eine Ehre ist der andern werth! Die Jungfer da hat mir eins gesungen; es war freilich mich nicht gemeynt; — thut aber nichts; ich will's für empfangen annehmen. Setzt euch, liebe Kinder, und hört einmal recht andächtig zu, ich will euch etwas vom Soldatenleben singen. Ich hab's selbst gemacht, müßt ihr wissen. Es sind zwar keine neumodische Verse; aber doch gut. Gebt nur acht.

Ich lob mir den Soldatenstand!
Der ist geehrt in jedem Land.
Zwar in den Standquartieren,
Gehts nicht so lustig her.
Da sitzt und putzt man sein Gewehr,
Damit beim Visitiren
Es blank und sauber sey.
So blank als wie ein Spiegel,
Sonst regnets derbe Prügel.

Zwei

Zwei Tage hat man frei,
Dann muß man Schildwacht stehen,
Dann auf Commando gehen:
Und einmal sich besaufen
Gilt sechsmal Gassenlaufen.
Der Teufel hol den Tanz!
Da bleibt kein Fleck am Buckel ganz.

Wenn wir aber ins Feld marschieren,
Ha! da geht es lustiger zu.
Und hat man gleich nicht viele Ruh,
So lebt man doch herrlich in Feindes
　Land.
Es lebe der Soldatenstand!

Nu, wie sitzt ihr da? — Frisch! gerufen:
Es lebe der Soldatenstand! Dazu sollte man
aber etwas zu trinken haben.

（Er sieht sich um, und wird den Krug und Be=
cher auf dem Tisch gewahr.）

Ha! ihr seyd ja köstliche Weibchen! Das
habt ihr gewis für mich dahin gestellt.

（Er geht auf den Tisch zu, und will einschen=
ken.）

Was

Was habt ihr denn da in dem Krug? Doch
kein Wasser? davon bekommt man Würmer
im Magen.

(Azalia und Zisma laufen beide auf ihn zu.
Die eine reißt ihm den Becher, die andere
den Krug aus der Hand.)

Was zum Teufel! ihr werdet mich doch mit
einem Trunk bewirthen?

(Er will die Flasche mit Gewalt nehmen. Indem ruft sein Kamerad der draussen vor
der Thüre steht: Er .... der Hauptmann!
Sobald er dieses hört, packt er auf, und
sagt im Weggehen.)

Hat denn der Teufel den Hauptmann allenthalben! Nu, bis aufs Wiedersehen!

Dritter Auftritt.

Azalia, Zisma.

Zisma.

O! der gute Hauptmann! der kommt
recht zu gelegener Zeit.

Azalia.

Azakia.

Ach! wie gern hätte ich diesen letzten Tag meines Lebens ruhig und für mich allein zubringen mögen!

Zisma.

Wenn ich mich nur nicht verrathe! Ach liebste Azakia, wenn du merkst, daß ich mich vergessen will, so gieb mir einen Wink.

Azakia.

Und wozu das? Ich will es ihm sagen, daß du ihn liebst. Er ist ein rechtschaffener Mann, und wird dich deshalb nicht verachten. Nach unseren Sitten ist es ja einem jeden Mädgen erlaubt selbst zu wählen.

Zisma.

Aber er ist ein Europäer, und hat dem Caciken selbst gesagt, daß es in seinem Lande für unanständig gehalten werde, wenn ein Mädgen einem Manne zuerst ihre Liebe entdekt.

Azakia.

Aber er ist auch so vernünftig, daß er diese Gewohnheit seines Landes für ein lächerliches

C   Vor-

Vorurtheil halten wird. Das sind Rechte
der Menschheit, worauf kein Geschlecht aus-
schließlich vor dem andern Ansprüche hat:
Und dann ist er ja jetzt in unserem Lande,
und wird sich in unsere Sitten schicken, so
wie wir uns in seinem Lande in die seinigen
würden schicken müssen.

Zisma.

Wenn er mich aber verachtet — Ach!
Azakia, ich würde die Schande nicht ertra-
gen können. Aber da kommt er — Sey
standhaft mein Herz!

Vierter Auftritt.
Celario und die Vorigen.

Celario.

Verzeihe mir, liebste Azakia, daß ich dich
störe. Ich habe nothwendig mit dir zu reden.

Azakia.

Das kann in Gegenwart meiner Schwester
geschehen, die du bereits kennest.

Cela-

Celario (betrachtet Zisma.)

Ich meyne, ich hätte dies Gesicht schon
irgendwo gesehen.

Zisma (furchtsam.)

Bei dem Caciken.

Celario. (erkennt sie.)

Ach! bist du es, liebe Zisma? die Schwester der Azakia; bald hätte ich dich nicht
mehr gekannt. Es war dir damals nicht
wohl, als ich dich zum erstenmal sahe; wie
befindest du dich jetzt.

Azakia.

Nicht viel besser, als damals.

Zisma.

O! ja, es ist mir recht wohl!

Azakia.

Liebst du mich, Celario?

Celario.

Mehr als ich sollte.

Azakia.

Und meine Schwester?

Celas

Celario.

O! ich bin eben so sehr ihr Freund, als ich dich liebe; und warum sollt' ich nicht ihr Freund seyn? sie ist deine Schwester.

Zisma.

Leb wohl! Azatia; bis auf den Abend seh ich dich wieder.

Azatia.

Bleib, Schwester; du darfst nicht gehen, bis ich ihm alles entdeckt habe. (Zu Celario.) O! mein Freund! wenn du wüßtest, wie zärtlich Zisma dich liebt.

(Zisma geht bey diesen Worten beschämt zurück, setzt sich an den Tisch und weint.)

Köntest du wohl ein Herz verachten, das für dich allein schlägt, das für dich leben und sterben will.

Celario (verlegen.)

Zisma liebt mich?

Zisma (springt bei diesen Worten auf.)

Sprich es nur aus, mein Todesurtheil! Vollende, Celario!

Aza=

Azakia.

Celario, richte uns nach den Sitten unse-
res Landes.

Celario.

Ich verstehe dich. (Zu Zisma, indem er sie
umarmet.) Liebste Zisma, sey, wenn du willst,
auf ewig meine Gefährtin; aber so lange
Azakia lebt, kanst du meine Gattin nicht seyn.

Zisma
(drückt ihn voll Inbrunst an ihr Herz.)

Freund meiner Seelen! O! ich verlange
keine größere Glückseeligkeit, als ewig um
dich zu seyn. Ich entsage allen übrigen An-
sprüchen — Nur deine Sclavin —

Celario.

Sprich den verhaßten Namen nicht aus.
Du sollst mich mit Azakien in mein Vaterland begleiten, und wir wollen unzertrenn-
lich seyn.

C 3   Azakia.

Azakia

(nimmt den Celario bey der Hand, und führt
ihn an den Tisch.)

Siehe da, liebster Celario, die Zubereitun-
gen zu derjenigen Reise, die ich auf Begeh-
ren meines Telasko unternehmen muß. Sey
du der Freund meiner Zisma, und vergiß die
unglückliche Azakia.

Celario.

Höre mich, Azakia; Wenn die Freund-
schaft etwas über dein Herz vermag, so höre
mich. Ich habe Leute ausgeschickt, vertraute
Leute von deiner Nation, die sich nach dem
Schicksal des Telasko erkundigen sollen.
Das Gefecht war dort über dem Gebürge;
es ist so weit nicht dahin; wir werden noch
vor Untergang der Sonnen erfahren, ob er
wirklich todt ist, oder ob er noch lebt. Halte
dich bis dahin ruhig, und schwöre mir, den
Becher nicht zu trinken, bis ich wieder kom-
me.

Azakia.

Azakia.

Du bemühest dich umsonst, mein Freund
Telasko ist mir dreimal erschienen.

Celario.

Es war gewis nichts als ein bloser Traum.
Leere Phantasien,
Die ein schweres Blut erzeugt;
Träume, die entfliehen,
Wenn die Nacht entweicht!

Die Augen trügen;
Die Träume lügen.
Trau doch nicht dem Gesicht,
Mit ofnen Augen sieht man nicht.

Leere Phantasien,
Die ein schweres Blut erzeugt;
Träume, die entfliehen,
Wenn die Nacht entweicht!

Schwörst du mirs Azakia, daß du meine
Wiederkunft erwarten willst? Bis die Sonne
untergegangen ist, bin ich wieder bei dir.

Azakia.

Ich schwöre dirs.

Cela-

Celario.

Zisma, du liebst mich; dir ist niemand im Traum erschienen. Ich verlasse mich auf dich.

Zisma.

Sey unbesorgt Celario, du sollst uns hier wieder finden.

Celario.

Bald bin ich wieder bei euch.

(Geht ab.)

Fünfter Auftritt.

Azakia, Zisma.

Zisma.

Wenn er uns gute Nachricht brächte!

Azakia.

Was kan er für Nachricht bringen! Telasko ist todt, und wird nicht wieder zurückkommen.

Zisma.

Komm, liebe Azakia, laß uns dort unter dem Schatten der Bäume unser Gemüth

müth erheitern. Es ist heut so ein schöner Tag.

Azakia.

Wie du willst; der Tag ist schön; aber für mich nicht.

Jede Freude, jede Wonne dieses Le‐
bens
Ist für einen Leidenden vergebens;
Ja so gar der Name Lust,
Quält die gramerfüllte Brust!

Glücklich, die ihr dis noch nie empfun‐
den,
Und es Schwärmerei der Schwermuth
nennt!
O genießt, genießt der kurzen Stun‐
den,
Die der Himmel euren Herzen gönnt!

————————

Drit‐

Dritter Aufzug.

Erster Auftritt.

(Das Theater stellet einen freien Platz vor. Im Grunde sieht man Berge und an beiden Seiten Gebüsche. Ein Trupp Wilden, Männer, Weiber und Kinder führen den Telasko von den Bergen herunter auf den freien Platz; sie tanzen um ihn herum und machen ein wildes unverständliches Geschrei, das von der Musik begleitet wird. Einige von ihnen tragen aus den Gebüschen Holz zusammen und machen einen Scheiterhaufen, worauf Telasko an einem Feuer gebraten werden soll. Wenn der Scheiterhaufen fertig ist, winkt Telasko, der sich bisher immer standhaft und unerschrocken bezeigt hat. Die Musik und das Geschrei hören auf. Er tritt aus dem Kreis hervor und die Wilden lagern sich um ihn herum. Darauf fängt er seinen Todtengesang an.)

Hun=

Hundert stürzten auf mich;
Und zwanzig hab' ich erschlagen.
Mit meinem Fuß zertrat ich sie!
Dort auf jenem Hügel,
Der noch von dem Blute der Eurigen
trieft,
Errangt ihr meine Keule —
Und nun steig ich hinunter zu meinen
Brüdern
Die eurer tausend erwürgt —
Ich spotte eurer Qualen!
Und sterbend verhöhn' ich euch noch —
Dann seyd ihr Herren der Erde,
Wenn ein Mann von meinem Volk vor
euch bebt.

(Nach einer kleinen Pause.)

O! du allein, um die ich mich noch
quäle,
Für die allein mein Herz noch bebt. —
Azakia! wenn meine Seele
Nun bald auf meinen Lippen schwebt,

Nur

Nur dich noch ruft, nur dich noch nen=
net —

Eh' sie im letzten Hauch entflieht —

O! dann sey wenigstens der Trost mir
noch vergönnet,

Daß dich mein Geist mir folgen sieht!

(Die Wilden springen wieder auf, umringen den
Telasko und tanzen aufs neue um ihn herum mit
eben dem Geschrei wie zuvor, während der
Zeit zwei von ihnen Feuer in dem Gebüsche an=
gemacht haben. Telasko steigt standhaft auf
den Scheiterhaufen und läßt sich an den
Pfahl um welchen das Holz gelegt ist, fest=
binden. Die Wilden zünden den Scheiter=
haufen unter immer fortdauerndem Lerm,
welcher durch die Musik ausgedrückt werden
kan, an. In dem Augenblick stürzt' Celario
mit einem Commando von seinen Soldaten
von den Bergen in die Ebene herunter. Die
Wilden ergreifen alle die Flucht und Telasko
wird von den Soldaten losgebunden.)

Zwei=

Zweiter Auftritt.

Telasko, Celario, Soldaten.

Celario.

Dank es dem Himmel, Telasko, daß ich noch zur rechten Zeit gekommen bin. Einen Augenblick später wäreſt du und deine Azakia verlohren geweſen.

Telasko.

Großmüthiger Frembdling! mein Leben iſt in deinen Händen; ich bin dein Sclave.

Celario.

Komm, laß uns zu deiner Hütte zurück eilen; deine Feinde möchten bewafnet und in größerer Anzahl wieder hieher kommen. Und deine Azakia! o! Telasko, laß uns eilen, ehe die Sonne untergehet.

Telasko.

Schon hatte ich die Schrecken des Todes überwunden. Du rufſt das Gefühl in mir

wie-

wieder zurück, indem du mir meine Azakia
nenneſt. O! ſprich edle: Mann, ſaheſt du ſie?

Celario.

Noch vor wenigen Stunden ſah' ich ſie.
Vielleicht hat ſie den Becher ſchon in der
Hand! Siehe, die Sonne neigt ſich, komm
laß uns eilen.

Dritter Auftritt.

(Die Hütte der Azakia.)

Azakia, Zisma.

(Beide ſitzen wie das erſtemal am Tiſch und
Azakia hat den Becher vor ſich ſtehen.)

Azakia.

Bald iſt ſie vollends hinunter; und Celario kommt noch nicht. Ach! er wird nicht
kommen! oder doch wenigſtens zu ſpät. Er
ſagte, es ſey ein leerer Traum, der mich ge-
täuſchet; aber ihn täuſchen leere Hofnungen
(Sie ſieht nach der Oefnung wodurch das Licht

in

in die Hütte fällt.) Noch einige Augenblicke und dann ists geschehen. Zisma! meine liebste Zisma! Wenn Celario kommt, so sage ihm — — Nein, sag' ihm nichts.

(Sie steht auf.)

Letzter Abend meiner Tage
Brichst du mir so bald herein! —
Wird mein Gatte mir verzeihn,
Daß ich zittre, daß ich zage? —

Doch muthig will ich ihn trinken
Den Becher, und steigen hinab!
Ich sehe Telasko mir winken;
Ich trink ihn, und steige hinab!

Letzter Abend meiner Tage,
Brichst du mir so bald herein! —
Wird mein Gatte mir verzeihn,
Daß ich zittre, daß ich zage? —

(Sie setzt sich und nimmt den Becher in die Hand.)

Zisma.

Zisma.

Die Sonne ist noch nicht untergangen —
Azakia! du hast es ihm geschworen, so lange
zu warten.

Azakia.

Was hilft es mir, wenn ich mir den letzten fürchterlichen Augenblick unnöthig ver-
lángere. Er wird nicht kommen.

(Bei den letzten Worten öfnet sich die Thür,
und Celario tritt mit Telasko, den er an
der Hand führet, herein.)

Vierter Auftritt.

Azakia, Zisma, Celario, Telasko, Bast.

(Bast tritt mit herein; die andern Soldaten
aber bleiben draußen vor der Hütte stehen,
welches man durch die offene Thür sieht.)

Celario.

(indem er den Telasko auf Azakia zuführt.)
Ja, er kommt, und dein Telasko mit ihm!

Azakia.

Azakia

(läßt den Becher fallen, und wirft sich Te=
lasko iu die Arme.)

O! mein Telasko.

(Während dieser stillschweigenden Umarmung
nimmt Bast die Zisma bei Seite)

Bast.

Du wirst doch nichts sagen? Sey kein
Narr; es war ja nur Spaß.

(Zisma giebt ihm durch ein Zeichen zu verste=
hen, daß sie ihn verachtet.)

Azakia.

Hab' ich dich wieder, mein Telasko! Ist's
möglich! oder träume ich?

Telasko.

Siehe da meinen Erretter! Ohne ihn
hätte ich deine Umarmung nicht mehr genos=
sen.

(Celario geht inzwischen vor die Hütte hin=
aus, um seine Soldaten ins Quartier zu
schicken.)

D   Aza=

Azakia.

O! der edle Mann; wenn ihm alle Europäer glichen, so wäre sein Vaterland der
Himmel auf Erden.

Zisma.

Und ich wünschte nirgend anders zu seyn.

Telasko.

Aber was bedeutet die ängstliche Eilfer-
tigkeit, mit welcher Celario mich trieb,
noch vor Sonnen-Untergang die Hütte zu
erreichen.

Zisma.

Siehst du nicht den Becher? Einige Augenblicke später, so hätte sie ihn getrunken
gehabt, und du hättest deine Azakia nicht
mehr aus den Händen des Todes retten
können.

Bast.

(Der, während der ganzen Zeit, in einer Art
von Verwunderung da gestanden, hebt den
Becher auf, und betrachtet ihn.

Da

Da hätt' ich also einen schönen Trunk ge=
than! — Nun, das muß ich denn doch ge=
stehen, die amerikanischen Weibsleute sind
gutherzige Creaturen. Hätten mich die nicht
so ganz gemächlich in die andere Welt schif=
fen können!

Ziema.

Die Welt würde vielleicht so viel nicht
an dir verloren haben.

Bast.

Nun, seht ihr lieben Leute, ich bin drum so
böse nicht, als ihr meynt. Lustig muß
man in der Welt seyn; was hätte man
sonst von seinem Leben. Und jetzt freut
mich's denn doch, daß das Ding am Ende
einen so guten Ausgang genommen. Und
wenn sie es recht beim Licht besieht, meine
liebe Frau Telasko, so muß sie doch geste=
hen, daß sie eigentlich zu reden, mir, so=
wohl ihr, als ihres Mannes Leben zu dan=
ken gehabt. Denn sieht sie, wenn ich sie

nicht

nicht im Walde angetroffen, wenn ich sie
durch meine Schäfereien nicht aufgehalten,
sondern gleich in ihre Hütte hätte zurückgehen lassen, so wäre mein Hauptmann nicht
dazu gekommen, und die Wilden dort über
dem Gebirge hätten den Herrn Telasko
wie eine fette Gans gebraten, und sie hätte
da in dem verdammten Becher seine Gesund-
heit dazu getrunken.

Celario

(indem er wieder hereintritt.)

Nun meine lieben Freunde, dieser Abend
soll ein Fest der Freude für uns seyn. Das
hätte ich mir heut morgen nicht eingebildet,
daß der Tag sich so glücklich endigen würde.

Azakia

(indem sie Celario bei der Hand nimmt.)

Liebster Celario, du sagtest heute: So
lange Azakia noch lebt, kann Zisma meine
Gattin nicht seyn. Und nun?

Cela-

53

Celario.

(Er reicht der Zisma die andere Hand.)

Nun sey Zisma meine Gattin, und Azakia ewig meine Freundin!

Telasko.

Das ist zu viel Glück für einen Tag!

Bast

(der sich ganz demüthig gegen Zisma ver-
neigt.)

Ihro Gnaden, Frau Hauptmännin werden verzeihen — — (bei Seite) Der Teufel mags den Leuten ansehen, was noch aus
ihnen werden kann!

Zisma (zu Basten.)

Schon gut, ich verzeihe dir — O! so sind
denn nun alle meine Wünsche erfüllet!

Azakia.

Nichts ist süßer, als die Liebe!
Nichts ist herrlicher als sie,

D 3　　　　Nim-

Himmelswonne sind die Triebe
Einer reinen zarten Liebe.
Nichts ist herrlicher als sie!

Alle.

Nichts ist süßer, als die Liebe!
Nichts ist herrlicher als sie!

Zisma.

Aber einem treuen Herzen,
Welches ohne Hofnung liebt,
Macht sie martervolle Schmerzen.
Bitter ist sie dann dem Herzen,
Wenn es ohne Hofnung liebt.

Alle.

Bitter ist sie jedem Herzen
Welches ohne Hofnung liebt!

Telasko.

Bleibt doch das Gefühl der Liebe
Auch noch selbst im Tode süß!

O!

O! wie ſtärkten mich die Triebe,
Meiner treuen, zarten Liebe,
Als man Gluth und Tod mir wieß.

Alle.

Nichts iſt herrlicher als Liebe,
Selbſt im Tode bleibt ſie ſüß!

Celario.

Schmerzhaft war für mich die Liebe
Die mich ohne Hofnung ließ.
Doch auch überwundne Triebe
Macht die tugendhafte Liebe
Einem edlen Herzen ſüß!

Alle.

Nichts iſt herrlicher als Liebe
Die nicht ohne Hofnung ließ.

Baſt.

Süß iſt freilich wohl die Liebe,
Doch mich feſſeln ſoll ſie nie.

Erſte

Heute fühl ich ihre Triebe,
Schwör dem Mädgen ew'ge Liebe.
Morgen denk ich nicht an sie.

Alle.

Nichts ist süßer als die Liebe,
Nichts ist herrlicher als sie.

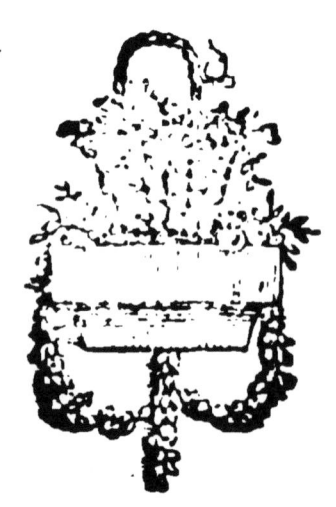

Heute fühl ich ihre Triebe,
Schwör dem Mädgen ew'ge Liebe.
Morgen denk ich nicht an sie.

Alle.

Nichts ist süßer als die Liebe,
Nichts ist herrlicher als sie.

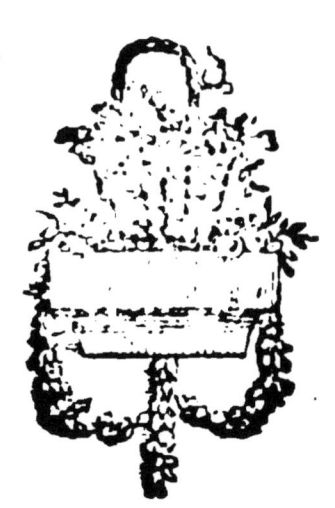

Heute fühl ich ihre Triebe,
Schwör dem Mädgen ew'ge Liebe.
Morgen denk ich nicht an sie.

Alle.

Nichts ist süßer als die Liebe,
Nichts ist herrlicher als sie.

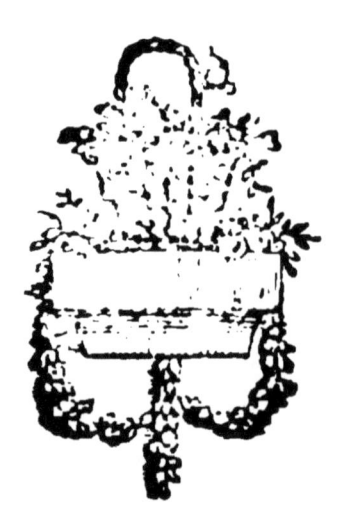

Heute fühl ich ihre Triebe,
Schwör dem Mädgen ew'ge Liebe.
Morgen denk ich nicht an sie.

Alle.

Nichts ist süßer als die Liebe,
Nichts ist herrlicher als sie.

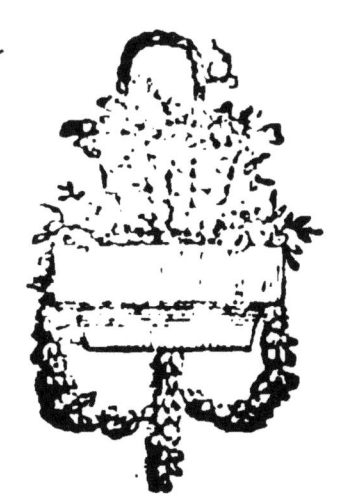

Heute fühl ich ihre Triebe,
Schwör dem Mädgen ew'ge Liebe.
Morgen denk ich nicht an sie.

Alle.

Nichts ist süßer als die Liebe,
Nichts ist herrlicher als sie.

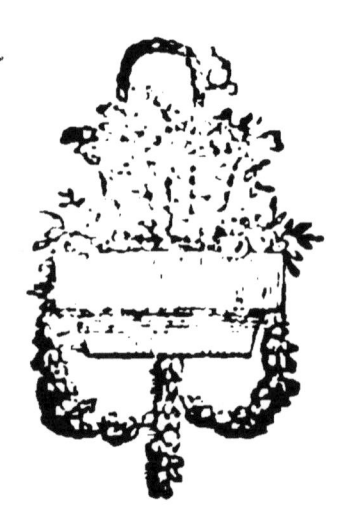